Lo que sé de Whitney Houston

Colección: Poesía

© del texto: Alejandro Pedregosa, 2026
© del epílogo: Sonia Fernández Hoyos, 2026
© de esta edición: Cuatro lunas, 2026
Rúa de Pastor Díaz, n.º 1, 4.º B - 36001 Pontevedra
Tel.: 986 860 276
info@cuatrolunas.gal
www.editorialcuatrolunas.com
Cuatro lunas es un sello editorial de Kalandraka

Ilustración de cubierta: Pablo Mestre
Impreso en Rodona (Pamplona)
Primera edición: abril 2026
ISBN: 978-84-127076-5-6
DL: PO 119-2026

Esta obra ha recibido una ayuda a su creación del Ministerio de Cultura
a través de la Dirección General del Libro, del Cómic y de la Lectura.

MINISTERIO
DE CULTURA

DIRECCIÓN GENERAL DEL LIBRO,
DEL CÓMIC Y DE LA LECTURA

LO QUE SÉ DE WHITNEY HOUSTON

Alejandro Pedregosa

Epílogo de Sonia Fernández Hoyos

((((cuatro lunas

OBERTURA

DILE ADIÓS A LO VERDE

Dile adiós a lo verde
del hayedo, a la sombra cuajada
y al soplo de los trinos:
no habrá pájaro a partir de aquí
que sepa acompañarte
porque también el cielo se yergue para ellos.

Despídete del mar, de los amigos borrachos;
los hijos que no tienes, la gente que te quiso,
todos quedan allí, en la vida que un día
te pareció ser vida,
quizá porque surgió del fondo
de la tierra, donde estas rocas blancas
se anunciaban ya como un presagio
de blanca redención.

¿Y adónde vas? ¿Qué te espera en las cumbres despobladas?
¿Qué hay en un lugar cuando no hay mar
ni amigos borrachos ni hijos no nacidos
ni gente que te quiso? Acaso —se me ocurre—
vas en busca de un silencio sin cábala y sin nombre,
en busca de un dolor blando y redondo
como el corazón de los delfines,
un dolor inútil y bello que mañana
nos recuerde
ligeramente a ti.

LO QUE SÉ DE WHITNEY HOUSTON

¿Qué se hicieron las damas,
sus tocados, sus vestidos,
sus olores?

JORGE MANRIQUE

EL PRIMER TEXTO DE LA HISTORIA

El primer texto de la Historia
que se adentra hondamente en el suicidio
es un poema egipcio cuyo título
hubiera fascinado a Garcilaso:
*Diálogo del desesperado de la vida
con su alma,* así se llama.

Corría el siglo veinte antes de Cristo.
California era entonces un vacío
de luz recién soñado por dios,
mientras en Newark, Nueva Jersey,
una ardilla enterraba
los frutos del otoño entre la nieve.
Los negros ya cantabais,
en el reino de Nubia, sobre todo,
y subían las canciones Nilo arriba
para hacerse sementera y brisa entre los pastos.

«No eres un hombre», le dice el alma
al cuerpo mancillado del poema,

«eres tan solo un ser viviente»
y no es pobre el matiz.

Cuatro mil años tardaron en llegar
aquellos versos del antiguo Egipto
a un hotel distinguido de Los Ángeles,
y a tu bañera blanca y a tu cuerpo de negra
hirviente, desnuda entre las aguas.

Quiero pensar que el soplo del poeta
te acarició la nuca y te lamió la oreja
como un amante ebrio:
«Que Ra, el comandante de la barca sagrada,
escuche tus palabras»
y, hundida para siempre en su regazo,
mezclaste astutamente cocaína
con dulce Benadryl, no poco Alprazolam
y una guinda mortal de Flexeril.

Lo que vino después a nadie importa,
se queden para ti
la última plegaria y el sorbo de champán,
tu sombra invertebrada huyendo por el techo,
la manera que tenga cada cual
de volver de Los Ángeles a Egipto.

DOS VIEJOS ROTOS

No quise para ti
otra cosa que no fuera la verde libertad
de los pastos en las tierras altas,
porque alta eras tú de nacimiento
y verdes los ojos que, en la cuna,
con pasmo me miraban.

El pulso apaciguado de la piedra
también quise para ti,
a las piedras más nuestras me refiero,
las que duermen bajo el sol e ignoran
el esponjoso odio de los líquenes,
las que pueden saltar hasta seis veces
por encima del mar, igual que tú
saltabas a la comba —el cocherito lerén,
me dijo anoche, lerén…—, mientras tu madre
tendía en el balcón
nuestra ropa vulgar de clase obrera.

Y, ahora que es de noche en nuestro mundo,
ahora que tu cuarto se ha vuelto un relicario
—un parque de atracciones para dos viejos rotos—,
con los cuatro juguetes que nunca te llevaste,

ahora, me digo que el error estuvo en mí
—mi simiente podrida, mis sueños de hombre pobre—
por pedir una hija dura, igual que nuestras piedras,
y libre, como los pastos altos de mi infancia.

No se me concedió la libertad, sí la dureza.

Quizá por eso no encontraste aquella tarde
un poco de piedad para contigo.

SE LLAMABA JOSÉ

Se llamaba José —como millones—
y era de una familia que allí dicen «los Nanos».
Tenía en los ojos la luz primera del otoño,
la que ambiciona el gamo en cada salto
y, en la frente, un lunar,
metáfora de un mundo lejanísimo
que, desde niño, le rondaba la cabeza.

En el pueblo pasó por hombre sobrio,
de dulce paladar e inesperado amor por la lectura.
Se supo luego —cuando apareció la carta—
que amaba también a los hombres,
y muy secretamente a uno,
que nunca hizo ademán de saludarlo.

No fue por eso, sino por discutirle a dios
las riendas de la muerte,
que un domingo cualquiera lo enterraron
extramuros del viejo cementerio.
Octubre se cebaba en los castaños
y el misterio de la vida

se puso extrañamente de su lado:
nadie supo explicar por qué
cantaron en otoño las cigarras.

ESTADÍSTICA

Errata 2

Se me ocurre que quizá
te hubiera gustado vivir en España.

No te hablo solamente del sol de Andalucía,
me refiero también a las abejas,
sus horas de miel en las colmenas de Castilla
y al fruto de los bosques en Navarra,
y al ladrillo mudéjar que ilumina
los pueblos más umbríos de Aragón. Me refiero,
en general, a todas las cosas bellas
que los siglos, gota a gota, decantaron
con el color exacto de tu piel.

Porque también nosotros, aunque no lo creas,
somos negros; muy negros piel adentro,
y muy esclavos y muy cantores y muy creyentes
en la magia y en los tormentos de la fe. Tenemos
esa misma ferocidad que tienes tú,
y cada cierto tiempo nos matamos
los unos a los otros, para que siempre

alumbre nuestra sangre el Antiguo Testamento:
esta curiosa sombra que Caín nos dio en herencia.

Dejó escrito Karl Pearson —matemático inglés y padre
de la estadística moderna— que la estadística
es la gramática de la ciencia, y la gramática
—esto lo añado yo de mi cosecha— nunca falla.

Ayer dijeron en la radio que las mujeres
en España se suicidan
tres veces menos que los hombres.

Se me ocurre que quizá
te hubiera gustado vivir en España.

RETRATO DE MUJER EN LLAMAS

Es una hermosa obra de arte esta película,
hace tiempo que no vibraba así
por amor.
Dos mujeres se besan en Bretaña
a finales del siglo dieciocho
y el mundo, de repente, se hace mundo
en el pequeño corazón de los espectadores.

El prodigio de sentir
el pulso forastero de la sangre
varios siglos después en sangre propia
(¿acaso no era esta la embriaguez
de la que hablaba Nietzsche?).

La directora se llama Céline Sciamma;
al inicio de la trama, una mujer se lanza
voluntariamente por un acantilado.
Cada vez que las amantes juntan sus labios,
se oye el batir de las olas
en el pequeño corazón de los espectadores.

NO ES VERDAD QUE LAS BALLENAS

No es verdad que las ballenas
acudan a la muerte por propia voluntad.
No son pilotos suicidas
ni judíos asediados en Masada:
no buscan derribar las puertas de su reino
en aras de otro reino
más hondo y más azul: un paraíso.

Cada ballena guarda en su interior
dos toneladas rosas de piedad.
Están hechas de vida, porque son
el universo infinito de las aguas: millones
de parásitos dormidos les lamen la corteza,
como el niño el pezón, como el viento los pinos.

A veces, sucede que una ballena se rompe
la mandíbula feroz contra la quilla
de un portaaviones, o que un sónar invisible
le perfora por dentro los oídos
hasta dejarla ciega,
eternamente ciega y malograda,
como un joven profeta después de ver a dios.

El resto de la historia es conocida:
la manada —unas veces familia y otras plebe—
acompaña al enfermo hasta el abismo
de su ceguera blanca,
que a menudo es una playa dorada del Pacífico
donde dejan varadas, para siempre,
la vida y la fortuna.

Es la hora de partir, oh, abandonado,
les gritan los bañistas en la orilla,
pero ellas, ya todas sordas,
ya todas ciegas de piedad,
se entregan al instinto de la primera ley,
la que ordena: «Ama hondo y ama
hasta el final».

Y, en ese puro ardor, en esa extraña fe,
sucumben las ballenas a millares.

ESAS COSAS QUE A TI SIEMPRE TE PASAN

Errata 3

El amor de los hombres se parece a la nieve,
porque es frío y deja huella.
A la nieve sucia me refiero,
la que pisa el albañil en Newark
camino de la obra, la que se convierte en barro
con el paso de los días y con el paso
de los *trailers* de hormigón.

El amor de los hombres se parece
a la nieve virgen de la madrugada,
porque apenas dura un día: tú lo sabes
—veinte horas de idilio con la vida.

Es por eso, dulce Whitney, que las mujeres blancas
aman las estaciones de esquí. Allí pueden
esnifar cocaína y creer
en la reencarnación del alma y del amor.
Pueden mirar las máquinas sin asco,
seguras de que nunca
—y, para ellas, nunca siempre es nunca—
se sentará a su lado un albañil

en el hueco vacío que deje el telesilla,
seguras de que nadie
—y, para ellas, nadie siempre es nadie—
dibujará en el aire con la lengua
la flor de sus vaginas…

Y todas esas cosas, dulce Whitney,
que a ti siempre te pasan.

LO CUENTA PRIMO LEVI

Lo cuenta Primo Levi, Hannah Arendt, Semprún
y todos los que un día
regresaron con vida de la muerte.

Antes de lanzarse contra la paz
eléctrica de la alambrada, el suicida
acostumbra a entregar —la mirada ausente,
perdida en algún campo de Galitzia,
donde le hubiera gustado
enterrar sus huesos para siempre,
junto a los huesos de sus padres
y sus perros—; el suicida, digo,
nos cuenta Primo Levi, Hannah Arendt y Semprún,
entrega al compañero más amado
el mendrugo de pan y el trozo de salchicha
que son toda su cena y toda su heredad,
pues sabe que mañana
ya no saldrá la bruma para él
y cabe la esperanza
—ay, la palabra *esperanza* en la boca del suicida—
de alargarle la vida un día más
al compañero.

La anécdota podría contener
ciertamente algún signo de belleza
que glosara la pulpa universal
de la bondad humana. El espanto, no obstante
—la victoria perpetua del nazismo—,
se cifra en la aureola del mordisco,
en la terrible eucaristía del pan
y la salchicha, en ese brillo acuoso,
mitad lágrima, mitad satisfacción,
con que traga saliva el compañero.

Primo Levi seguía, cuarenta años después,
recordando ambas cosas: el amor
de los suicidas por la alambrada y el amor
del compañero hambriento por el pan
y la salchicha. Quizá por eso
una mañana de abril —florecidas
ya las margaritas y los huesos
en los campos porosos de Galitzia—
se lanzó por el hueco fatal de la escalera.

Ahora lo sabemos: fue su modo
de alejarse de Auschwitz para siempre.

LO QUE ELLA ME DICE

Me dice que le alivia el anuncio
fosforescente de los chinos
que hay debajo de su casa.
Me dice que es una alegoría de la vida,
un recuerdo posmoderno del calor
en la placenta de su madre.

Me dice que cierran pasadas las dos
de la madrugada, cuando Mercurio,
el de los pies alados, reparte entre su gente
los predios que la noche dejó sin repartir
—ketamina y caballo, mayormente.

Cuando se apaga el fulgor en el escaparate,
ya no duerme y tiene miedo.
Si asoma la cabeza a la ventana,
puede ver la estela
que ciertos pájaros oscuros
van dejando en los desiertos de la noche.
Y, a veces —no siempre ocurre, pero, a veces—,
se le pasa la idea por la mente
de convertirse en confeti
y saltar —toda ella hecha colores—

al cielo de la fiesta que una vez
celebraron en su honor cuando era niña:
mucho antes, me aclara,
de esta enfermedad de mierda.

Me dice finalmente que tal vez
—no lo tiene muy claro de momento—
algún día le hable a la psiquiatra
del cartel luminoso de los chinos.

LA POETA MARINA TSVETÁYEVA AMADRINA A WHITNEY HOUSTON

Errata 4

Escucha mis palabras, dulce Whitney;
yo sé de lo que hablo:
un cuerpo humano no puede soportarlo todo.
El hambre sí, el hambre se soporta,
porque es un agujero primitivo
—ya latía en la boca de la primera bestia
mucho antes de que tú
y yo pisáramos la tierra:
tú las nieves de Newark, Nueva Jersey,
yo la colina blanca del gulag—.

El hambre se soporta y, aun así,
hay niños que mueren
de hambre en los lejanos orfanatos,
mi pequeña Irina, por ejemplo, que nació
con la Revolución y con el hambre
desopilando sus pequeñas tripas.
¿Has tenido hijos tú, amiga Whitney?
¿Has escuchado el llanto que sale de la inclusa?
Se parece al torrente del mosto en el lagar,

a una colmena dentro
del corazón sombrío de una abeja,
a la teta vacía de una madre vacía,
a eso, más o menos, se parece
el llanto de la inclusa.

También se puede soportar el odio
de los conspiradores y la envidia
de los malos poetas que florece
como una parra de sombra en el patio
de los vulgares. Incluso la ira de Stalin
se puede soportar si guardas
un secreto de amor bajo las cuencas
de unos ojos llagados por el llanto
y por el frío.

Todo eso se puede soportar:
yo sé de lo que hablo.

Y, sin embargo, a veces —me dicen que es tu caso—
basta que un gorrión —el ala rota—
se pose en el alféizar de la tarde
y no logre cantar, o que una niña
se suelte de la mano en un desfile
de marines borrachos y pierda para siempre
el camino que lleva hasta la infancia.

Dice Wikipedia que yo
nací poeta y encontré mi soga
en una carta de amor a Borís Pasternak,
y dicen las mujeres del mercado
—¿de dónde habrá salido esa balanza?—
que he sufrido en la vida más que tú.

Pero ambas sabemos que no es cierto,
que la historia universal del dolor
viene escrita en el margen de las cosas
más bobas y pequeñas —el ala del gorrión—
y que únicamente drogadictos,
poetas y dementes sufren
como dice la Biblia que debemos sufrir.

Así que ven conmigo, dulce Whitney,
descansa tu cabeza en mi costado,
como si el dulce sueño de las aves
recoger pudieras,
y déjame que sea tu madrina
en este reino yermo, porque todo
lo puede soportar el ser humano
excepto deambular
eternamente sola en medio de la muerte.

COMPRAR ES UNA FORMA SUTIL

Comprar es una forma sutil de envenenarse el alma.
No hablo de comprar
el sol que late dentro de la fruta
—eso es un don— ni la piedra pulida
del joven artista, tan contemporáneo y pobre
como el artista de otro siglo. Digo
comprar aquello que se publicita,
aquello que no guarda proporción
con la medida humana: catorce pantalones
de Zara, por ejemplo, camisetas y faldas
a menos de tres euros. Dejó dicho Oscar Wilde
en sus *Leyes de la belleza* que el vestido
está hecho para servir a la humanidad
y nunca lo contrario.
La belleza del vestido nace
de la hermosura del cuerpo que protege
y de la libertad
que nunca obstaculiza.

Niñas del mundo occidental
—ya sé que las demás estáis cosiendo—,
escuchad las palabras de Oscar Wilde,

descartad el veneno que roza vuestros labios
en copas esmaltadas.

Si sois por juventud bellas y libres,
¿a qué ponerse grillos con las sedas?

NO PIENSES QUE LA PENA

No pienses que la pena ha vivido siempre en mí
como vive el gusano en el futuro
de la podredumbre.

Yo también disfruté
de un atardecer en las Landas
con un ser humano bello y delicado
como este que ahora
te quita la cerveza de las manos,
te besa tiernamente y sostiene
entre sus dedos un hilo de sol
—mañana será para vosotros
inolvidable anillo, brizna de oro—.

Yo también fui feliz y tuve un perro
que seguía mis pasos por la arena de otra playa
muy lejos de las Landas.

Hay quien dice —Schopenhauer— que la pena
es una tradición del alma,
una balsa que boga eternamente
por la sangre. No lo creas: hasta hoy

yo no había mirado con ardor
una botella de lejía.

Pero llega una tarde de diciembre
y el ser humano bello y delicado que ahora
te quita la cerveza de las manos
desaparece abruptamente de la foto
y la vida entonces ya no sabe
si seguir siendo vida o convertirse
en perro abandonado.

Y, aunque es cierto que la pena
no ha estado siempre en mí,
son ya cinco años que descanso —perro fiel—
a los pies de esta lápida y espero.

KRISSY BROWN LE HABLA A SU MADRE
WHITNEY HOUSTON

Errata 5

Quizá te hayan contado
que, tres años después de que las Moiras
te sacaran del hotel Beverly Hilton
—volando tu bañera por los cielos
naranjas y azulinos de Los Ángeles—,
yo misma me metí en otra bañera
de la casa que teníamos en Atlanta
y repetí tu cóctel con pocas variaciones
para quedarme sola,
eternamente sola y desnuda
con las piernas abiertas ante el rostro de dios.

A veces me pregunto
por qué no se detuvo en ti tu suerte,
por qué me acompañó desde la cuna
y se subió conmigo a los columpios
y al coche de aquel hombre —el primero—
que quiso ver tus pechos en los míos.

Debiste abandonarla en Nueva Jersey
—a tu suerte, me refiero—, enterrarla
bajo la nieve de Newark, como entierran
los indios el ombligo de sus hijos
junto al árbol de todos los deseos.
¿Qué parte no entendimos de la vida, mamá?
¿Por qué no me llevaste
a escuchar cómo canta el azulillo —*bluebird*—
en las praderas altas de Nebraska?

Tuve los ojos tristes y los dientes
demasiado pequeños —tienes que recordarme—,
las paletas separadas cual columnas
de un templo primitivo.
Ahora lo sé: mi sonrisa era un presagio,
una ruina de piedra en Capadocia,
una estatua que anhela la foto de un turista.

Tu herencia tuvo mucho de excesiva:
me dejaste un padre yonqui con ciento
cincuenta millones en billetes
de celulosa verde.
También un medio hermano me dejaste
que pronto fue mi amante y mi camello
y, tal vez —el jurado no logró
ponerse de acuerdo en este punto—, mi asesino.
Con él hice un *reality* en la tele
y así arrastré tu nombre y tu apellido
todavía un poco más,
hasta el abismo blanco de la vergüenza blanca
donde beben y escupen los hombres de Georgia.

Y, aunque ya no hay dolor entre nosotras
ni reproches ni duelos ni nada
que alcance a tener nombre, te juro que no entiendo
por qué, mamá, no fuimos nunca
a las praderas altas de Nebraska,
donde dicen que habitan los felices y canta
con su dulce trinar el azulillo.

QUE YO CONOZCA…

El hijo de Matilde la vecina, cuando vino de la mili.
La chica silenciosa (y muy delgada) que acariciaba a Volga en el parque.
Mi profesor de Filosofía en COU.
Monty, el primo sonriente y gaditano de aquella novia que nunca me quiso demasiado.
El abuelo de Willy, cuando el Mundial 82.
El batería de Los Mendas, aquel grupo de tu pueblo que llegó a grabar una maqueta.
Un señor deprimido, mientras hacíamos el amor en una pensión de Barcelona.
Un tío segundo tuyo —a lo mejor, no está claro.
Mi colega Fernando el de las Viñas.
Y finalmente tú,
que mereciste en la vida mucho más
que un deprimente libro de poemas.

BREVE NOTA AL SIGUIENTE POEMA

La palabra «eutanasia»,
con la brizna de piedad que hoy
le concedemos, se dibujó
por vez primera
en la pluma de un empirista inglés
a quien los pintores de su tiempo retratan
con sombrero alto y mirada
indescifrable: Francis Bacon.

Sabemos que Hume —cien años después—
se bañó con hondura en la obra
de Bacon, y sabemos también
que, abrazado a esa misma piedad
—y no a la religión—,
reflexionó ampliamente sobre el tema
de la muerte compasiva en su ensayo
Sobre el suicidio.

Cabe ahora preguntarse por qué Hume
no recogió la palabra —hermosa,
griega, exacta: *dulce muerte*—
que su maestro inglés le regalaba.

Ignoramos este punto y, sin embargo,
hoy sabemos advertir
—lo estudiamos en clase el otro día, ¿recordáis?—
el abismo que separa lo contingente
de lo irremediable, la humana depresión
de la agonía humana; la diferencia, en fin,
que ilumina el corazón de ambas palabras.

Tened esto presente, queridos alumnos,
en la lectura del próximo poema.

LA ÉTICA DE HUME

Niñas y niños, atención:
encended vuestras tabletas y anotad
estas palabras: «Vivir es el derecho más hermoso
de todos los que incumben a estar vivo,
pero vivir es un derecho que no obliga
al acto de vivir».

Nos dice Hume que un río
es siempre una frontera natural
para el hombre —la más bella frontera,
añadiremos nosotros—. Pero que puede el hombre
—de ahora en adelante, *ser humano*—
encauzar con su ingenio las aguas
del río en su provecho: porque es capaz
y porque es libre.

Así ocurre igualmente con la muerte,
que también es frontera natural y también
podemos corregir con nuestro ingenio
y nuestra libertad, cuando un mal sufrimiento
—*dolencia irremediable,* dice Hume—
nos lleve a ello.

Advertid, niñas y niños, la importancia
del río y su metáfora en la historia
universal del pensamiento y la belleza:
de Heráclito a Siddhartha pasando por Manrique
hasta llegar a Hume y a este ensayo titulado
Sobre el suicidio, del que os dejo aquí un extracto
que podemos comentar mañana, si queréis.

¿QUÉ FUE DE WHITNEY HOUSTON?

Errata 6

A miles de kilómetros de Delfos,
en un garito cutre de Las Vegas,
una mujer borracha quiere hablar con Apolo.

Se ha parado delante de una máquina
cuyas luces recuerdan vagamente
un dulce amanecer sobre la Acrópolis.
Le basta un solo dólar
—la ranura amorosa, palpitante—
para ver su futuro en una frase
a menudo enigmática y ambigua
—el misterio es la única manera
que tiene dios de cubrirse las espaldas—.

La mujer posa la mano
en el lector azul de la pantalla.
El programa informático detecta
la dureza de su palma obrera,
los callos en los montes de Venus y Mercurio,
y detecta también que la lejía
—ella friega inodoros en Las Vegas—

le ha borrado la línea del Destino
y la del Corazón. Esta mujer,
que blande una cerveza en la otra mano,
es la musa de Nietzsche, la que vive dormida
en brazos de Dioniso, pero daría en cambio
la vida por Apolo.
Ignora que es costumbre de los hados
contestar con preguntas las preguntas
que lanzan los mortales a los dioses.
Es por eso que no entiende
el oráculo final que fulge en la pantalla:
¿Qué fue de Whitney Houston?

Se rasca la cabeza. No le gusta
este juego complejo y nigromante.
Y tampoco le gustan los negros como Whitney.
Se maldice por haber perdido un dólar.
Ella solo quería saber si este año
entrará en su vida un hombre bueno y esforzado,
si la hija que tiene en Arizona
vendrá por Navidad a visitarla.

ETIMOLOGÍA

En el fondo remoto,
en el manglar oscuro de nuestra vieja lengua,
palpitan dos palabras
que pueden arrojar algo de luz
a este debate eterno de la vida:
se trata de dos verbos que fueron fecundados
en la misma matriz: *caedere.*

Significa *caedere* «golpear», «talar», «cortar»
y, por analogía —quien corta un árbol corta
una vida—, matar. *Ego cecidi,*
yo talé, yo corté, yo maté…
Mucho tiempo después y varias guerras,
hicimos entre todos de aquel viejo *cecidi,*
el sufijo español para la muerte:
magni*cidi*o, homi*cidi*o, sui*cidi*o.

Mas hubo por fortuna leñadores,
jardineros y otros seres ajenos
a cualquier tipo de metáfora
que nunca abandonaron la sombra original
de la palabra. Y la usaron en el tiempo de la poda
junto al prefijo DE —indoeuropeo—

para discriminar las ramas sanas
de aquellas que generan perjuicio;
es decir, *DEceciderunt* (¡decidieron!)
qué podaban y qué no inventando, de paso,
los jardines ingleses que tanto te gustaban.

Sucede así que matar y decidir,
los dos verbos estrella de nuestro torpe estudio,
se alumbraron en un mismo parto
de sangre y lodo.

¿Te parece normal?
¿No te asusta? ¿No te asombra?:
veinte siglos antes de nacer,
ya estaba tu destino
palpitando en el fondo de la lengua.

CONTRA GOETHE

Corría el tiempo azul
de los blancos amores imposibles.
Alemania era un bosque prerromántico
cuando una novela —*Las penas del joven Werther*—
desató en Europa el nudo de la muerte:
fueron decenas los lectores
—miserables, burgueses o aristócratas—
que, pistola en mano, bala en pecho,
sucumbieron al dolor más viejo de la historia.

Varios siglos después, el panorama
ha cambiado en las formas
—benzodiazepina, iPhone, Instagram…—,
pero intacta en el fondo permanece
la angustia original:
la falta de amor o el amor
extraviado, la renuncia a ser alguien —algún día—
sencillamente amado.

Quieras tú, amiga, que este libro
—de amor indiscutible—
corrija para siempre la pifia del gran Goethe
y deje en nuestros ojos el milagro

de la resurrección:
que regreses a la vida
apenas un instante y, contigo, todos
los que un día —miserables,
burgueses o aristócratas—
sucumbieron a la pena más vieja de la historia.

Y nunca más la bala en el tambor
ni la cuerda en la viga
ni el agua tibia
desbordando en silencio la bañera.

PARADOJA FINAL

Amor.
Era tan alto el amor que sentías
que sentías que nunca
estabas a la altura de ese amor.

FE DE ERRATAS

(Epílogo)

Si alguna vez los versos de este libro
alcanzan una vida en tinta y celulosa,
si alguna vez los ojos de un ajeno
se paran a leer con lentitud
las cosas que he pensado tras tu muerte,
conviene se corrijan previamente
unas cuantas erratas que —espinas
en el tallo del rosal—
andan diseminadas por el texto.

Donde dice Newark, por ejemplo,
bien se puede poner Navacerrada,
Pamplona, Panticosa o cualquier sitio
donde sepa una niña con coletas
enterrar sus fantasmas bajo un manto de nieve.
Y, en los versos que tengan la palabra «bañera»,
lo correcto sería escribir «balcón»,
porque ¿quiénes de aquellos que estuvimos
a dos palmos de ti podemos hoy
asomarnos a ese abismo
sin que el vértigo nos tumbe?

Nunca dormiste, claro está,
en el Hotel Beverly Hilton de Los Ángeles,
pero te amé y me amaste en un piso pequeño,
de protección oficial, que daba a la avenida

de las Artes, con el sol declinando
en las últimas tardes de septiembre.

No encontraste el infierno, como Whitney,
en las drogas que batieron la sangre
de nuestra generación
—cocaína y *speed,* principalmente—,
así que lo correcto sería consignar
en estos versos tu afición al vino tinto
y, en los malos momentos, que los hubo,
su mezcla con maría y Orfidal.

Es verdad que no viste cantar al azulillo,
pero te complacía el trino
meridiano de los mirlos. Y es por eso
que los mirlos se parecen a tu alma:
¿de qué si no su pico anaranjado,
el color de tus labios en los míos?

Y poca cosa más. El resto de detalles
—imprecisiones, mentiras y dudas
ortográficas— queden para los críticos
en boga y correctores de estilo.
Nosotros ya hemos hecho en esta vida
cuanto estuvo en nuestras manos
por ser fieles al hecho de vivir.
Si al cabo no acertamos en las formas,
es porque fuimos en el fondo libres
—libérrimos a veces— y, en lo que toca al amor,
enamorados.

EPÍLOGO

Sonia Fernández Hoyos

La carrera literaria de Alejandro Pedregosa comenzó en el ámbito de la poesía y representó desde sus inicios una trayectoria de reconocimientos en forma de accésits o premios: *Postales de Grisaburgo y alrededores* (Accésit del premio Federico García Lorca de la Universidad de Granada, 2000), *Dos días laborables y un domingo.* Accésit del Premio Artífice de Poesía (2001), *Retales de un tiempo amarillo.* Premio Ciudad de Trujillo (2002), Accésit del Premio José Agustín Goytisolo (2004), que no se publicó, *En la inútil frontera* (Sevilla, Point de Lunettes, 2006), *Los labios celestes* (Premio Arcipreste de Hita. Valencia, Pre-Textos, 2008), *El tiempo de los bárbaros* (Granada, Tragacanto, 2013), *Pequeña biografía de la luz* (Granada, Esdrújula Ediciones, 2019), *Álbum de familia* (ilustraciones de Carole Hénaff, XIII Premio Internacional Ciudad de Orihuela de Poesía para Niñas y Niños, Pontevedra, Kalandraka, 2021).

Su obra poética –hasta ahora– se sostiene sobre unas líneas maestras: tendencia al optimismo, la escritura de una cotidianidad descarnada, la combinación de lo triste y lo esperanzado.

Toda la producción de Alejandro Pedregosa se caracteriza por una gran coherencia, independientemente del género que trate. Así, los temas y preocupaciones dentro de su obra serán reconocibles y presentan ese *aire de familia*, constituyen auténticas *señas de identidad* que definen su producción y determinan su singularidad, lo que confiere a Pedregosa un lugar propio en la literatura española de este siglo XXI.

Pedregosa empieza muy joven a escribir y publicar poesía y se ha dedicado a esta práctica de una manera constante. Lo que más llama la atención en este ámbito es la capacidad de Pedregosa por crear una voz poética propia: logra edificar su particular *casa de palabras* gracias a sus lecturas (es –y así se aprecia– un lector apasionado) y a la seguridad de quien sabe qué decir y cómo decirlo. Por «voz poética propia» entiendo una *mirada* sobre la realidad que lo rodea desde un lugar preciso: el del *curioso impertinente* (por jugar con el título cervantino), esto es, estamos ante un ejercicio de observación-contemplación de la realidad desde la realidad misma, no desde una atalaya o un lugar privilegiado y alejado del mundo, sino desde lo que podríamos llamar «la aventura de lo cotidiano». Ese día a día, ese devenir cotidiano, es observado con la misma curiosidad de quien mira por primera vez, con el entusiasmo y la fascinación de quien vive la vida en clave poética o como si de una aventura extraordinaria se tratase.

En la obra de Pedregosa destacan, a mi juicio, dos aspectos que representan unas de sus principales cualidades: la humildad y la condición de aprendizaje que hay en cada una de sus obras (ya sea poesía o narrativa). En efecto, Alejandro Pedregosa no es un escritor autocomplaciente: aborda cada nuevo libro con humildad, es un constante volver a empezar. Intenta hacer de cada proyecto una experiencia única, diferente de la anterior.

Otra de las características de su obra es el hecho de que todos sus textos constituyen estructuras sólidas que plantean una lógica narrativa o poética interna-propia, una *inmensidad* controlada y que necesita escribirse. Así, ya se trate de poesía o narrativa, sus textos responden a un plan perfectamente trazado en los que la estructura es fundamental y garantiza tanto la unidad como el funcionamiento de cada uno de sus elementos, como si esos elementos fueran imprescindibles en un horizonte en que la abrupta alternativa celebrara la ceremonia de la desposesión al brindarla al lector. Esto tiene una repercusión fundamental en los libros de poemas. No es que no se puedan leer los poemas de manera independiente o en *desorden*, sino que, además de esa lectura, puede hacerse otra que ofrece una nueva perspectiva de la obra y que abre nuevas posibilidades: los poemas dialogan entre sí, construyen horizontes de expectativas que multiplican el *sentido* de los libros. Este trabajo sobre la estructura de los libros-poemarios, en tanto unidad, propicia que la lectura no se agote (si es que acaso esto fuera posible). Es lo que ocurre con *En la inútil frontera, Los labios celestes, El tiempo de los bárbaros, Pequeña biografía de la luz, Barro* y, ahora, con este nuevo libro.

En los poemarios de Pedregosa literatura y arte ocupan un lugar fundamental. Reformula, así, aquellos versos de Quevedo: «vivo en conversación con los difuntos / y escucho con mis ojos a los muertos». Sus libros de poemas rinden homenaje a la cultura occidental, literaria y artística, en la que se formó y a la que sin duda pertenece: de la literatura clásica al cómic o novela gráfica, desde Miguel Ángel a Thomas Mann, sus textos se pueblan de referencias, personajes literarios, históricos o cinematográficos, escritores, pintores, modelos-musas que toman la palabra y aportan una perspectiva inusual: la de los protagonistas olvidados de la historia, la de quienes no tuvieron voz, ya sea por exigencias del guion o por exigencias de una tradición cultural que nunca les permitió que hablaran. Literatura y arte se construyen sistemáticamente como refugio cierto ante la incertidumbre de estos tiempos o la conciencia de la escisión (macrocosmos / microcosmos), como el lugar al que volver siempre, puntos de referencia que nos ayudan a orientarnos.

Las categorías que introduce en sus textos: humor, felicidad, ternura, escritura, así como otras de sus pasiones reconocibles en literatura, el amor y la amistad, son los elementos imprescindibles para la supervivencia en «tiempos menesterosos», una 'maquinaria' de interpretación que garantiza un lenguaje *otro*, donde cada signo remite a otro signo, a una 'reescritura' en una red ilimitada donde reside la 'verdadera' enunciación o capacidad de nombrar.

En su penúltimo libro de poemas, *Barro* (Granada, Sonámbulos, 2021), Alejandro Pedregosa planteaba una elaboración poética del duelo por la muerte del padre. Se trataba de un poemario elegíaco cuyo título alude al "elemento más humilde y primario de la creación: agua y tierra". La sencillez que ha marcado su producción cristalizaba en ese nuevo título cuya idea fundamental consiste en reivindicar el amor que dejan en nosotros quienes ya no están. En esta línea se inscribe *Lo que sé de Whitney Houston*: enmarcado en el terrible y doloroso ámbito de los suicidios, este libro es también y sobre todo una defensa y un canto al amor y a la ternura y un homenaje a los ausentes.

Los veintidós poemas que integran *Lo qué se de Whitney Houston* se distribuyen en estas tres partes: una Obertura, Lo que sé de Whitney Houston, la parte central que se compone de veinte poemas, y Fe de erratas (epílogo), un poema que funciona como desvelamiento de lo que se ha ido insinuando poéticamente hasta entonces. La obertura es ya una despedida de todo, del mundo sensible, que se realiza mediante alusiones fugaces, pequeños destellos: una despedida que iría desde los elementos de la naturaleza a las personas amadas, y no sólo. Y ya desde el inicio se anuncia la separación irremediable de quien sufre de forma tan profunda y radical que decide no seguir viviendo: "¿Y a dónde vas? ¿Qué te espera en las cumbres despobladas? / ¿Qué hay en un lugar cuando no hay mar, / ni amigos borrachos, ni hijos no nacidos, / ni gente que te quiso? Acaso –se me ocurre–/ vas en busca de un silencio sin cábala y sin nombre, / en busca de un dolor blando y redondo / como el corazón de los delfines, / un dolor inútil y bello que mañana / nos recuerde/ligeramente a ti".

En la segunda parte, que se abre con una cita de las célebres *Coplas a la muerte de su padre*, de Jorge Manrique, el poeta medieval del buen morir y del consuelo, se alternan seis poemas-erratas que justifican el título y que se centran en la famosa cantante estadounidense. Estos seis poemas tendrán como protagonista central el supuesto suicidio de la cantante. "El primer texto de la historia (errata 1)" alude al primer poema de la historia que aborda la cuestión y lo conecta con la escena final de la vida de la cantante, e imagina un atisbo de consuelo o acompañamiento de ese poema a la propia Whitney Houston. "Estadística (errata 2)": establece una conexión con la cantante y España, se destaca la belleza y se alude a esa trágica estadística ("Ayer dijeron en la radio que las mujeres / en España se suicidan / tres veces menos que los hombres"), que habría podido, tal vez remotamente, consolar a la cantante si hubiera vivido en España. "Esas cosas que a ti siempre te pasan (errata 3)" alude a una diferencia de clase social y al acoso de vulgaridad, que persiguió a la figura de la estadounidense. "La poeta Marina Tsvetáyeva *amadrina* a Whitney Houston (errata 4)": Marina Tsvetáyeva, otra suicida, se presenta como una compañía en el más allá: "y déjame que sea tu madrina / en este reino yermo porque todo / lo puede soportar el ser humano / excepto deambular / eternamente sola en medio de la muerte". "Krissy Brown le habla a su madre Whitney Houston (errata 5)": asistimos a la repetición del episodio de la madre, las miserias de la vida, el poder de las drogas, el dinero –inútil que no pudo rescatarla– del maltrato, la dependencia, la maldad y los abusos. Por último, "¿Qué fue de Whitney Houston? (Errata 6)" nos muestra a una mujer blanca, de clase trabajadora, que busca saber de su destino, como hicieran siglos atrás quienes acudían al oráculo de Delfos. La respuesta que obtiene es la pregunta que da título al poema y que la sume en el desconcierto y en la soledad más absoluta.

Estos seis poemas funcionan como verdadera columna vertebral de esta parte y se alternan, de manera rítmica y equilibrada, con otros textos en los que el suicidio, el hilo de unión de todos ellos, es abordado por la misma voz poética que da visibilidad a este fenómeno tantas veces ocultado o silenciado: desde la imposibilidad de comprender por parte de los padres ("Dos viejos rotos") hasta esa "Paradoja final", en la que destaca el amor de la amada y el terrible sentimiento de no estar nunca a la altura de ese amor. En todos los poemas aflora siempre una nota de ternura o esperanza: ya sea a través del amor-pasión entre dos mujeres que se besan en Bretaña ("Retrato de mujer en llamas"), o en la piedad de las ballenas, que se caracterizan por el acompañamiento de la ballena herida a una playa por parte de la manada ("No es verdad que las ballenas"), o en la naturaleza que acompaña, aparentemente a destiempo, el entierro de un suicida ("Se llamaba José"). También asistimos al último gesto de amor de los suicidas en los campos de concentración: entregar su escasa comida al compañero ("Lo cuenta Primo Levi", otro suicida) y que conecta con la magnífica novela de Alejandro Pedregosa titulada *Comadrejas* (Cuatro Lunas, 2024). A veces la ternura se puede encontrar en los elementos más inesperados, como ese anuncio fosforescente de los chinos y que funciona como "un recuerdo posmoderno del calor / en la placenta de su madre" ("Lo que ella me dice"). Esta defensa del amor no es incompatible con una crítica al sistema neoliberal que provoca esa esclavitud del consumo desproporcionado ("Comprar es una forma sutil") y que se puede combatir activamente reivindicando lo esencial de la belleza y el amor propio. La ternura y el amor aparecen de nuevo en una forma de espera-compañía: la de un perro fiel postrado ante la lápida del ser humano amado acompañando sus restos, sumido en la espera y el desconcierto. Otras veces se visibiliza el fenómeno del suicidio en el entorno relativamente próximo ("Que yo conozca"), construyendo una suerte de círculos concéntricos que terminan en lo más íntimo y cercano a esa voz poética: su amada. También aparece la "muerte compasiva", es decir, la eutanasia, que da paso a una reflexión sobre la diferencia entre lo contingente y lo irremediable ("Breve nota al siguiente poema"). Esa misma voz poética discurre sobre el derecho a vivir y la no obligatoriedad de hacerlo ("La ética de Hume"). La defensa del libre albedrío será abordada también en otro poema ("Etimología"), en el que se nos recuerda el origen común de dos términos decisivos para este libro. El amor es, por tanto, la clave de bóveda de este poemario, un homenaje para hacer presente a quien ya no está y a quienes "sucumbieron a la pena más vieja de la historia" ("Contra Goethe").

La última parte, FE DE ERRATAS (EPÍLOGO), nos desvela el sentido de los poemas-erratas dedicados a Whitney Houston y que han servido para abordar el suicidio y su onda expansiva. La voz poética "corrige" las erratas e indica qué hay que leer y cómo. Para hablar del suicidio de la persona amada, esta voz poética ha necesitado servirse de una intermediaria, Whitney Houston, y de unas máscaras, personas célebres, alejadas, conocidas, para poder, al final, contar su pena, visibilizarla. Y, de nuevo en el último poema, destaca esa defensa del amor incondicional y de la libertad: "Si al cabo no acertamos en las formas / es porque fuimos en el fondo libres / –libérrimos a veces– y en lo que toca al amor, / enamorados".

Desde el punto de vista formal, en *Lo que sé de Whitney Houston* Alejandro Pedregosa plantea, como ya ocurriera en su anterior poemario, *Barro*, una poesía *narrativa* construida sobre la alternancia de acentos y de versos muy variados (aunque con predominio de endecasílabos y alejandrinos que alternan con heptasílabos, octosílabos y eneasílabos, por ejemplo) y que cumple una función especial: crear una música de fondo y un ritmo que mecen, acompañan y consuelan.

El consuelo se plantea aquí como un acontecimiento ético que supone un aprendizaje de la alteridad: puede tratarse de una consolación a uno mismo en ese diálogo interior en el que la tristeza ocupa un lugar importante, pero, en este caso, sobre todo, el consuelo que aporta este conjunto de poemas permite ver de otra forma la desolación, la pérdida y la posibilidad del amor y la compañía. No se trata, pues de insistir en la pérdida o el abandono, sino en el respeto profundo a la libertad del gesto, en la certeza de que el amor es compañía, en la importancia de ese acompañar hasta el final y recordar-actualizar a la persona amada a través del recuerdo y el homenaje poético. En este libro, se convoca a la amada ausente, a la suicida, y, al hacerlo, se construye la ilusión de que la pérdida irreparable deja una suerte de presencia. Este libro ensaya la promesa de superar la relación entre la reconciliación con la idea de la pérdida y la melancolía que esta pérdida provoca.

El doloroso proceso de transformación que el suicidio de la amada engendra en la voz poética propicia la adquisición de una suerte de auténtico conocimiento que consistiría en reivindicar lo esencial: la libertad del gesto, el amor y el acompañamiento hasta el final de la persona amada. Por eso, *Lo que sé de Whitney Houston* construye poéticamente el ámbito de los suicidios como un marco dentro del cual es posible proponer una defensa y un canto al amor incondicional, un homenaje a la amada y a los ausentes, que reviven una y otra vez gracias a la lectura de estos poemas.

ÍNDICE

Obertura 9

Dile adiós a lo verde 11

El primer texto de la historia *(Errata 1)* 17

Dos viejos rotos 19

Se llamaba José 21

Estadística *(Errata 2)* 23

Retrato de mujer en llamas 25

No es verdad que las ballenas 27

Esas cosas que a ti siempre te pasan *(Errata 3)* 29

Lo cuenta Primo Levi 31

Lo que ella me dice 33

La poeta Marina Tsvetáyeva amadrina
a Whitney Houston *(Errata 4)* 35

Comprar es una forma sutil 39

No pienses que la pena 41

Krissy Brown le habla a su madre
Whitney Houston *(Errata 5)* 43

Que yo conozca… 47

Breve nota al siguiente poema 49

La ética de Hume 51

¿Qué fue de Whitney Houston? *(Errata 6)* 53

Etimología 55

Contra Goethe 57

Paradoja final 59

Fe de erratas (Epílogo) 61

Epílogo. Sonia Fernández Hoyos 67